AF339475

SATIRE.

Emile. O-

X+

QUELQUES

PORTRAITS POLITIQUES;

SATIRE,

Par J. Émile O, — 1819.

A PARIS,

Chez {
BRISSOT-THIVARS, rue Neuve - des - Petits-
Champs, N°. 22.
CORRÉARD, libraire, Palais-Royal.

DE L'IMPRIMERIE DE P.-F. DUPONT, HOTEL DES FERMES.

1819.

QUELQUES

PORTRAITS POLITIQUES;

SATIRE.

Enfin je me décide et cède à ma faiblesse;
J'eusse mieux fait peut-être, écoutant la sagesse,
D'exhaler en secret ma satirique humeur,
Et de me préserver du vain titre d'auteur;
Mais quand de toutes parts cet affligeant délire,
De mordre et déchirer, de rimer et d'écrire,
S'empare des esprits et sur les mêmes bancs
Où siége Tabarin fait descendre nos grands;
Quand de vils intrigans, tartufes politiques,
Feignent de déplorer les misères publiques,
Et dangereux acteurs dans nos troubles divers,
Cherchent à ressaisir leur ascendant pervers;
Pourquoi redouterai-je, écrivain salutaire,
D'essayer à flétrir d'un opprobre exemplaire,
Ces modernes Verrès, ces grands déshonorés,
Par le crime enrichis et du peuple abhorrés?
Ah! trop long-temps hélas! leur funeste génie,
Fier de l'impunité déchira ma patrie.

Trop long-temps par le crime ils furent triomphans.
C'est honorer les bons que flétrir les méchans.
Et dussé-je manquer d'énergie et de verve,
Dans mes vers mal tournés rimer malgré Minerve,
De tous nos charlatans allumer la fureur,
Être calomnié par maint petit auteur,
Dont la plume vénale, indiscret interprète
Du courroux étranger de quiconque l'achète,
Noircira sans pitié mon sincère Apollon;
Je n'en suivrai pas moins , débile nourrisson,
Du Parnasse escarpé le sentier solitaire,
Et de la vérité le flambeau tutélaire.
Mais qui me blâmerait? quel homme vertueux
En voyant sur nos bords le crime fastueux,
Offusquer tout Paris d'un pompeux étalage,
Promener sans pudeur en un riche équipage
L'affligeant souvenir de son impunité,
Les signes scandaleux de sa prospérité,
Du spectacle irritant d'une indigne opulence,
N'a pas ainsi que moi détesté l'insolence;
Et maudit mainte fois ces grands et ces Crésus,
Si riches en honneurs, si pauvres en vertus.
Voyez-vous celui ci : républicain austère,
Jadis l'égalité paraissait sa chimère,
Et de la liberté ce fougeux partisan
Jurait de poignarder l'audacieux tyran
Qui contre son pays méditant quelque outrage
Voudrait avec les rois relever l'esclavage;
Mais bientôt fatigué du rôle suborneur
Qui masquait sa bassesse et son avide cœur;

Il fut un des premiers de qui l'âme flétrie
Se courba sous le joug et vendit la patrie ;
Qu'on vit couverts d'honneurs, de titres mendiés,
Trembler devant un maître et ramper à ses pieds.
Certes, de tels héros, méritent qu'on retrace
Des hauts faits qui sans doute illustreront leur race !
Et comment excuser cet autre ambitieux,
De vingt ordres divers possesseur glorieux,
Peut-être il mérita, par quelque heureux service,
Les biens dont l'a comblé la fortune propice ;
Peut-être (direz-vous) qu'un mérite éclatant.....
Qui ? lui.. jamais il n'eut que celui du méchant,
La sourde ambition, la noire perfidie.
Dans nos troubles divers, déployant son génie,
Et des plus saints emplois souillant la majesté,
Il joua l'Éternel, son Roi, la liberté ;
Trompa tous les partis dont il servit les crimes,
Et suivant sans pudeur d'infernales maximes,
Prodigue de serments, infidèle au malheur,
Pour prix de ses bienfaits, trahit son bienfaiteur.
Voilà ceux dont ma plume, utile vengeresse,
Doit signaler à tous la honte et la bassesse ;
Dévoiler les forfaits, et de la vérité,
Sur leurs pas ténébreux, répandre la clarté.
Non que de certains grands, ma critique insensée
Blâme aux événemens l'adhésion forcée :
Tel, baissant à propos ses voiles et ses mâts,
L'habile nautonnier conjure le trépas,
Et ne va point sans fruit, en exposant sa tête,
Offrir un front serein aux coups de la tempête ;

Mais pour ces vils flatteurs qu'on a vu tour-à-tour
Aduler, diffamer, les puissances du jour,
Selon que la fortune, inconstante et légère,
Remplissait leurs palais de joie ou de misère,
J'espère les atteindre, et de mes cris vengeurs
Troubler leurs longs festins et leurs plaisirs trompeurs.
En vain de quelques-uns la voix fallacieuse
Mêle à leur nouveau rôle une fureur pieuse,
Et du manteau sacré de la religion
Couvre les noirs détours de leur ambition.
Apostats effrontés, fauteurs du despotisme,
En vain vous affectez un ardent royalisme ;
Vous qui, pour Bonaparte, en des jours tout récens,
Brûliez sur ses autels un idolâtre encens.
Le prince des flatteurs, dont la rare éloquence
Jadis de l'empereur célébrait la puissance,
Et qui, vers le sublime, ingénieux docteur,
Fit faire un pas immense au style adulateur,
Oubliant ses discours et certaines maximes,
S'est enrôlé, dit-on, parmi les légitimes,
Et prétend, au mépris du peuple et de ses droits,
Faire entendre pour eux son éloquente voix :
Cet insolent valet, toujours digne de l'être,
S'il ne rampe en esclave, il veut marcher en maître !
Dans ce temple sacré qu'habite l'Eternel,
Entendez ce prélat, d'un accent solennel,
Condamner le tyran, insulter sa mémoire ;
Et cependant naguère il nous préchait sa gloire ;
C'était l'oint du Seigneur, le protégé des cieux,
Son règne devait être à jamais glorieux ;

L'ange exterminateur le couvrait de son aile ;
Mais la fortune change et le prêtre avec elle.
Oh ! combien de ces grands qui brillent à nos yeux
Ne doivent leur éclat qu'au sort injurieux ?
Combien, si la vertu, la probité sévère,
Pour s'élever si haut eût été nécessaire,
Loin des titres pompeux et des jours fortunés,
Languiraient dans l'opprobre, à l'oubli condamnés ?
Certain petit rimeur, naguères journaliste,
Qu'on vit, maigre et crotté, poursuivant à la piste,
Avec des vers flatteurs, tout pouvoir triomphant,
Eclabousse aujourd'hui, dans un char élégant,
Ses amis oubliés au sein de la détresse ;
Du titre de marquis décore sa bassesse,
Et d'un air orgueilleux, se faisant un effort,
Regarde avec dédain le peuple dont il sort.
Et voilà ceux qu'on voit, flatteurs du despotisme,
Ennemis déclarés de tout patriotisme,
Au moment où, lassé de tant de maux divers,
Brisant avec ardeur ses chaînes et ses fers,
Le peuple, sous un roi qui hait la tyrannie,
Marche à la liberté méprisant leur furie,
Par des cris forcenés et les plus vils moyens,
Insulter sans pudeur nos meilleurs citoyens.
Mais quels sont ceux enfin, dont l'impudente rage
Verse sur les vertus et l'injure et l'outrage,
Qui, de la liberté, contempteurs éternels,
Voudraient voir renversés son culte et ses autels ?
Je ne chercherai point dans une foule obscure
Ces êtres avilis de qui la bouche impure,

Opposant au mépris une vaine fureur,
Trafique du mensonge et vit du déshonneur.
Laissons ces Tabarins, dans leur affreuse ivresse,
Profaner la couleur qui pare leur bassesse ;
Leurs cris, quoique méchans, ne sont pas dangereux,
Et c'est presque un honneur qu'être insulté par eux !
Mais voyons au plutôt leurs nobles moralistes,
De l'aristocratie ardens apologistes ;
Le peuple, à les entendre, à ramper condamné,
Ne goûte aucun repos s'il n'est point enchaîné ;
Et l'on devrait, chassant de nuisibles lumières,
Retourner sans délais aux siècles de nos pères.
Heureux temps où le noble exempté des impôts,
Laissait au peuple abject, par d'ignobles travaux,
Le soin d'entretenir et son luxe et ses vices ;
Pouvait seul, dans l'Etat, voir, pour d'heureux services,
La fortune à grands flots le combler de ses dons,
Tandis que de son sang engraissant les sillons,
Le plébéien obscur défendait la patrie,
Et prodiguait pour elle une infertile vie.
Voilà les heureux temps et les jours fortunés
Que nous avons, hélas ! sitôt abandonnés ;
Pour qui maint partisan d'une antique noblesse
Conserve au fond de l'âme une vive tendresse,
Mais commence à douter que le Français meilleur,
Veuille jamais revoir ces jours de son bonheur.
Aussi, versant des flots de bile et de colère,
Il déteste, il maudit cette obscure lumière,
Qui, pour nous éclairer sur des droits prétendus,
Ferme nos yeux aux biens que nous avons perdus.

Peuple aveugle, dit-il, ni talent, ni miracle,
A tes vœux insensés ne pourront mettre obstacle.
Du faîte des grandeurs sera-ce donc en vain
Qu'on aura vu descendre un illustre écrivain,
Qui, pour te convertir, trop zélé royaliste,
D'un vicomte et d'un pair a fait un journaliste ?
Vainement ce muet d'un sénat renommé,
Contre une loi funeste aura donc réclamé !
Lui, qu'on a vu jadis, d'un signe pacifique,
Applaudir du tyran l'éloquence rustique ;
Qui, d'un mot indiscret craignant la défaveur,
Vivait comme un trapiste au rang de sénateur ;
A donc, à tous les yeux, orateur bénévole,
En vain pour nous servir recouvré la parole.
Mais non, malgré toi-même il faut te conserver,
De tes propres fureurs nous voulons te sauver,
Avant que de tes maux l'horison soit plus sombre ;
N'avons-nous pas pour nous le bon droit et le nombre,
La raison et l'esprit, l'honneur et les talens,
Le secret et la ruse à préparer nos plans ?
N'avons-nous pas enfin, avec assez d'adresse,
Encor tout récemment, joints à notre faiblesse,
Des hommes qui, jadis, par l'erreur égarés,
Paraissaient d'avec nous pour toujours séparés.
Qu'importe ce qu'on fut pourvu qu'on nous seconde !
S'il nous fallait choisir, éplucher notre monde,
Qui verrait plus que nous de douloureux momens ?
Comment innocenter ce faiseur de romans
Qui servit le tyran, et sous la république
Fabriqua par malheur certaine œuvre comique,

Où, ne prévoyant pas notre réunion ,
Il flatte peu le noble et la religion?
Et cependant, depuis que nous l'avons en croupe,
C'est peut-être un des bons, des meilleurs de la troupe ;
Que son petit esprit, grandement orgueilleux,
Rend bien le blanc tout noir, et le certain douteux !
Et quoique roturier, comme son argutie
Sait en termes obscurs, pour l'aristocratie,
Séduire le lecteur que son style éblouit !
Ah ! vraiment on croirait qu'il pense ce qu'il dit.
Et par tous ces talens notre cause servie
Ne verrait pas bientôt sous ses lois asservie
Cette foule imprudente, à qui la liberté,
Toujours promise en vain à sa crédulité,
Semble aujourd'hui donner une nouvelle audace !
Ah ! confondons enfin une odieuse race;
Et que ce peuple altier, dût le trône en souffrir,
Rentre dans ses liens pour n'en jamais sortir.
C'est ainsi qu'un parti que déteste la France,
Se nourrit sourdement d'une folle espérance,
Et prétend sous son joug voir le Français plié;
Comme il n'a rien appris, il n'a rien oublié;
Dominer est son but, ramper son habitude,
Ce fut là, près des rois, sa glorieuse étude :
Respectueux, rampant, dans leur prospérité,
Orgueilleux, insolent, dans leur adversité.
Et ce sont ses appuis, de qui l'ardente haine,
Contre la liberté sans cesse se déchaîne ,
Qui, des siècles passés ardens admirateurs,
Se disent des vertus les vrais conservateurs;

Sans doute à leurs discours leurs actions répondent.
Point de crime avéré, de faits qui les confondent ;
Et toujours confessant la légitimité,
Ils furent les martyrs de leur fidélité.
Ah ! ce serait alors, qu'interprète fidèle,
Je voudrais le premier chanter ce noble zèle,
Qui fait que, de l'honneur toujours suivant la loi,
On sait garder sans crainte et son cœur et sa foi;
Mais, quand de mes regards interrogeant leur vie,
Exempt de passion, et de haine et d'envie,
Je ne vois qu'intrigans, qu'on vit dans nos malheurs,
Servir et s'enrichir sous toutes les couleurs;
Que noirs ambitieux, dont l'apparent mérite
Est l'art de se couvrir d'un amour hypocrite
Pour ce que nous avons de plus saint et sacré;
Habiles à s'en faire un utile degré,
Pour atteindre aux honneurs où leur orgueil aspire.
Que ne puis-je en prenant le fouet de la satire,
Dans des vers flétrissans que dicte l'équité,
Donner à leurs forfaits quelque célébrité.
Oui, malgré vos écrits, vos sermons fanatiques,
Je veux vous démasquer, messieurs les monarchiques,
Qui, diffamant nos mœurs, nous vantez d'autrefois
Et les rares vertus et les heureuses lois.
Que servent, répondez, vos sermons, vos censures?
Pour réformer les mœurs, il faut les avoir pures.
Qui parle de vertu, de probité, d'honneur,
Doit y croire lui-même et les avoir au cœur.
En vain vous ornerez un discours magnifique
Des plus charmantes fleurs de votre rhétorique;

Il manque à l'imposteur de talent revêtu,
Le charme le plus beau, l'amour de la vertu.
Et ce n'est point à vous, ô censeurs hypocrites,
Que ce charme jamais fera des prosélites.
Sied-il à cet impie, à ces blasphémateurs,
Connus par leurs forfaits, de prêcher sur les mœurs?
Et vous qui, triomphans, en un temps de misère,
Marquâtes votre règne au sceau de la colère;
Vous, de qui la vengeance, enfant d'un vil orgueil,
Répandit parmi nous la terreur et le deuil,
Vous osez invoquer d'une voix sacrilége
Cet imposant fardeau, ce noble privilége,
Que réclame à grands cris l'auguste vérité,
De signaler le crime et son impunité.
Quoi donc! oubliez-vous vos trames criminelles?
D'une austère vertu seriez-vous les modèles ?
Ne serait-ce plus vous qui, de Napoléon
Éleviez jusqu'aux cieux et la gloire et le nom,
Et qui, vils détracteurs d'une cause proscrite,
En faisiez à ses pieds un insolent mérite?
Mais pour nous accorder, répondez en un mot :
Votre grand-prêtre enfin fut-il toujours dévot?
Avant qu'un beau matin son esprit romantique
En ait fait, tout-à-coup, un zélé catholique,
N'avait-il point, guidé par un démon fatal,
Sacrifié, dit-on, aux autels de Baal ?
Et même si depuis, cherchant une autre gloire,
De ses anciens péchés il perdit la mémoire,
N'a-t-il point au héros, adroitement flatteur,
Avec art présenté l'encens adulateur ?

Je sais bien qu'indigné que sa plume éloquente
D'un inutile espoir ait bercé son attente,
Sur le tyran détruit et son sceptre brisé,
Il vengea, plein d'ardeur, son talent méprisé.
Mais chacun a compris d'où venait sa colère.
Illustre charlatan, intrigant mercenaire,
Laisse, laisse ton masque et ta dévotion;
On connaît tes vertus et ta religion;
De tes pareils, enfin, on en voit trop paraître :
Ils ne nous ont que trop appris à les connaître,
Ces méchans qui, toujours familiers aux forfaits,
Mêlent à leurs fureurs le nom d'un Dieu de paix.
Ils parlent de vertus ! et ma triste patrie
Gémit encore des maux que nous fit leur furie;
Ils parlent de vertus ! et tous les attentats,
Et les proscriptions, et les assassinats,
De leur règne de sang ont marqué le passage.
Ah ! qui donc oublirait leur exécrable rage ?
Quand des guerriers, long-temps modèles de l'honneur,
Expiaient par leur mort un seul instant d'erreur;
Tel un tigre affamé se jette sur sa proie,
L'emporte, et, le cœur plein d'une cruelle joie,
Hâte ses pas craintifs; tels ces monstres affreux
Escortaient au cercueil ces héros malheureux.
Et plût au ciel, hélas ! que leur cœur homicide
Eût borné là le cours de sa haine perfide;
Amans de la vertu, du génie et des arts,
Vous ne tourneriez pas vos languissans regards,
Vos yeux mouillés de pleurs, vers les rives lointaines !
Mais qui put échapper à leurs fécondes haines ?

Et vous aussi, guerriers, qui de votre pays
Avez en mille endroits vaincu les ennemis ;
En vain, pendant vingt ans, devant vous ils tremblèrent;
Des lâches proscriront ces fronts qu'ils respectèrent,
Et vous irez errant sur des bords étrangers,
Cueillir les fruits amers de vingt ans de dangers.
Mais votre sort encor n'est pas le plus funeste ;
Maint exemple le prouve, et ma plume l'atteste;
Fuyez loin de ces lieux, montez sur vos vaisseaux,
Et que la voile enfin vous mène sur les eaux.
Ici, tout est fureurs, cruautés et vengeance,
Le crime audacieux s'indigne du silence,
Fuit les ombres qu'il aime, et veut que désormais,
Le soleil de ses feux éclaire les forfaits.
L'ambition, l'orgueil et l'affreux fanatisme,
Triomphans, et parés d'un ardent royalisme,
Mêlent à leurs clameurs les noms les plus sacrés,
Et demandent le sang dont ils sont altérés.
Aussitôt, secondant leurs menaces fatales,
D'infâmes délateurs et des cours prévôtales
Répandent en tous lieux le trouble et la terreur.
Une assemblée impie excite leur fureur.
Tout paraît confondu, les vertus et les crimes.
Les nobles actions, les efforts magnanimes,
Travestis par la haine et noirs de ses poisons,
Sont appelés révolte et lâches trahisons.
Le parjure est prôné, notre gloire maudite;
On insulte au courage, on proscrit le mérite ;
D'obscurs Coriolans, des soldats sans lauriers,
Dévorent les honneurs acquis par nos guerriers.

Des monstres, dès long-temps, fléaux de leur patrie,
Par des piéges affreux qu'invente leur furie,
Dans l'ombre sourdement font naître des complots,
Et d'imprudens séduits chargent les échafauds.
Là, par des chants cruels, prémices du carnage,
S'annoncent la terreur, le meurtre et le pillage.
Tels, au fort d'un hiver et long et rigoureux,
Quittant et les forêts et les bois ténébreux,
Les loups de leurs accens font trembler la campagne,
De même, des brigands, que la mort accompagne,
Sèment aux alentours le carnage et l'horreur;
Rien ne peut échapper à leur lâche fureur :
Le soldat désarmé, le vieillard sans défense,
Infortunés témoins de leur haute vaillance,
Succombent sous leurs coups et tombent égorgés.
De tels forfaits sans doute auront été jugés?
Non, libre et triomphant, glorieux de son crime,
L'assassin impuni se rit de sa victime,
Et la loi, devant lui, muette et sans pouvoir,
Ne laisse à l'orphelin qu'un sombre désespoir.
En vain la veuve en pleurs d'un maréchal de France
De ses vils meurtriers a demandé vengeance;
Ni son bras tant de fois fatal aux ennemis,
Ni son sang prodigué pour servir son pays,
N'ont pu, pour apaiser son ombre gémissante,
Obtenir d'un arrêt la justice éclatante;
Tandis qu'impunément un Thersite nouveau,
Un reptile odieux siffle sur son tombeau;
Et ma plume indignée, et mon cœur et mon âme,
Ne peindraient point, au gré du zèle qui m'enflamme,

Ces chefs et ces appuis d'un parti détesté,
Leurs crimes impunis, leur lâche cruauté ;
Je verrais, sans frémir d'une juste colère,
A ce vil magistrat la fortune prospère ;
Lui qu'on vit, sans pitié, dans des jours de douleurs,
Effroi du malheureux, s'abreuver de ses pleurs ;
Et qui, dans maint procès, avec tant d'impudence,
Suivant ses passions fit pencher la balance ;
Je craindrais de marquer d'un affront mérité
Ce Cotin du barreau, gonflé de vanité,
Qui de son lourd poëme endormant l'auditoire,
En mettait des lambeaux dans son réquisitoire ;
Et non content encor de ce supplice affreux,
Déchirait les auteurs et s'acharnait contre eux.
Non certes, je le sens au zèle qui m'anime,
Honneur à la vertu ! point de paix pour le crime.
Vainement celui-ci, par de nouveaux honneurs,
Se voit récompensé de ses lâches fureurs ;
On n'a point oublié sa funeste industrie.
Misérable, couvert du sang de ta patrie !
Artisan de malheurs, de brigues, de complots ;
Ils sont fumans encore tes sanglants échafauds !
Va jurer à ton roi comme à la république,
Et ta foi sans retour, ton zèle monarchique ;
Qu'un tribunal, enfin, te déclare innocent ;
C'est pour ta conscience un remède impuissant ;
Tu n'échapperas point aux remords légitimes ;
Et les arrêts humains n'absolvent pas des crimes.
Si le ciel outragé différa son courroux,
Si de tels scélérats ont pu braver ses coups,

Certes, il faut le croire, après tant d'infamie,
Il est un Dieu vengeur, il est une autre vie,
Où les méchans, atteints d'un juste châtiment,
Paieront cher, à leur tour, leur règne d'un moment.
Eh ! voilà les hauts faits que tous nos royalistes,
Ces austères dévots, ces pieux moralistes,
Ou feignent d'ignorer, ou changent de couleurs.
Leurs fureurs, suivant eux, ne sont plus des fureurs ;
Et, pour le bon parti, tout devient légitime.
On peut tuer sans crainte, assassiner sans crime ;
Les meurtres impunis de Lagarde et Ramel,
Sont leurs preuves d'amour pour le trône et l'autel.
Entendez-les après, dans leurs aigres censures,
Affirmer gravement, proclamer par brochures,
Qu'ils ont seuls de l'esprit, des mœurs et des talens ;
Que dans leur seul parti sont les honnêtes gens ;
Qu'excepté leurs écrits, tout n'est qu'impertinence ;
Qu'ils tiennent dans leurs mains le destin de la France ;
Et que le ciel, propice à qui veut les servir,
Doit à leur seule voix se fermer ou s'ouvrir.
Mais il faut fréquenter leurs cercles politiques ;
Tous ces cours éternels de maximes gothiques,
Où toujours, en dépit de la saine raison,
Notre temps n'a produit rien de grand, rien de bon.
En vain citerez-vous les arts et l'industrie
De leurs travaux féconds illustrant la patrie ;
Et nos braves guerriers, pendant plus de vingt ans,
Étonnant l'univers de leurs faits éclatans ;
Ces messieurs, fatigués d'un récit trop fidèle,
Paieront par le mépris, vos discours, votre zèle.

Indignes citoyens d'un pays valeureux,
Le poids de nos lauriers est accablant pour eux !
Ah ! qu'avec intérêt leurs oreilles captives
A vos charmants discours deviendraient attentives,
Si l'on vous avait vu, chez vingt peuples divers,
Colporter vos fureurs, et hâter nos revers ;
Ou bien des Vendéens courir toutes les chances.
Eussiez-vous seulement pillé les diligences,
On vous proclamerait un fidèle, un héros ;
Et, dans certain journal, on louerait vos travaux.
Oh ! qu'il est beau de voir, dans leurs saintes cohues,
Leurs nobles écrivains élevés jusqu'aux nues !
Qui, de la liberté prêchant le repentir,
Aux ténèbres encor pensent nous convertir.
C'est là qu'un orateur, à son pays propice,
Prouve qu'un bon Français est moins Français qu'un
    Suisse.
Tandis que celui-ci, grotesque rédacteur,
Infortuné bouffon du grand Conservateur,
Dont il veut égayer les sombres homélies,
Débite, en s'admirant, ses lourdes inepties.
Et que ce cher abbé rit de ces faux esprits,
Qui veulent qu'un lévite, étranger aux partis,
Peu touché des honneurs et des biens de la terre,
Prêche un Dieu juste et bon sans insulter son frère.
Là, brille cet auteur qui, des rangs plébéiens,
Sortit pour leur vouer sa plume et ses moyens.
Sur ses heureux talents chacun le félicite ;
La marquise veut bien lui trouver du mérite ;

Et même ce baron qu'on vit toujours si fier
En lui serrant la main , le nomme aussi mon cher.
On le flatte , on l'admire, et plein de suffisance ,
Notre petit auteur , dans sa reconnaissance ,
Défenseur obligé des nobles, des dévots ,
Déclare en un roman la guerre aux libéraux.
Car, de tous ces messieurs voulez-vous les suffrages?
Auteurs, ne manquez pas de remplir vos ouvrages
De morceaux bien mordans contre la liberté:
Louez le despotisme et sa tranquillité.
Dites, comme à Tunis , un prince débonnaire
Sait gouverner , sans Charte, en véritable père.
Et même, dans ce genre, en nous taisant son nom ,
Vantez-nous tant soit peu le grand Napoléon.
Alors , certes alors , vous serez royalistes ,
Et des honnêtes gens , vous ornerez les listes.
On nous débitera , dans le Conservateur ,
Sur vos principes sains un article flatteur ,
Qui louera votre prose élégante et fleurie.
Et qui pense comme eux a toujours du génie.
Toutefois, laissons-les, sans force et sans appui,
Insulter notre siècle et rugir contre lui.
Par son succès d'un jour leur cause s'est flétrie.
Qui sema les forfaits , recueille l'infamie.
Et que peuvent d'ailleurs les efforts impuissans
De nobles sans vertus , d'avides intrigans?
Est-il donc au pouvoir d'un gothique esclavage
De nous couvrir encor d'un ténébreux nuage?
Non , semblable au soleil, au matin d'un beau jour ,
Qu'obscurcissent en vain les vapeurs d'alentour;

La liberté s'avance, et sa marche imposante
Dissipe les complots d'une ligue insolente.
Partout à son aspect les cœurs régénérés
Font retentir les airs de chants, d'hymnes sacrés ;
En vain d'affreux oiseaux, vils enfans des ténèbres,
Insultent ces concerts de leurs clameurs funèbres ;
La lumière ennemie en tous lieux les poursuit,
Et va les replonger dans l'éternelle nuit.
Pour moi qui, plein de haine envers la tyrannie,
Ai suivi mon penchant plutôt que mon génie,
Hardi navigateur d'un fleuve dangereux,
Puissé-je à cet essai joindre des vers heureux !
Je ne le sens que trop, ma Muse téméraire
N'eut point pour son sujet la force nécessaire ;
Mais à ces mots si doux : Patrie et Liberté,
Quel est le jeune cœur qui n'a point palpité ?
Et, détestant tout haut nos troubles anarchiques,
Désiré de flétrir ces hommes monarchiques,
Que l'on entend sans cesse exhaler leurs fureurs,
A ces noms si sacrés et du ciel et des mœurs.
Oui, ma plume honorant la vertu, le mérite,
Jure haine implacable à tout zèle hypocrite ;
Dégagé des partis, aimant la liberté,
J'ai pour guide mon cœur, et pour loi l'équité.
Et je puis assurer que ma voix véridique
Suivit dans ses arrêts l'opinion publique,
Que le patriotisme a dirigé mes traits ;
Qu'un courroux vertueux traça tout mes
Et que je n'eus jamais, accusateur perfide,
Le scandale pour but, ni l'interêt pour guide.

FIN